Formulare und Checklisten für Klassenlehrer/-innen
Klasse 5 und 6

W0201372

1
Die eigene Klasse

1.1 Schülerliste ... 1
1.2 Notfall-Adressen-Liste ... 2
1.3 Hausaufgaben-Liste ... 3
1.4 Schulbuch-Rückgabe ... 4
1.5 Verhaltensauffälligkeiten ... 5
1.6 Klassenkassen-Liste 1 (August–Januar) ... 6
Klassenkassen-Liste 2 (Februar–Juli) ... 7
1.7 Abrechnung Klassenkasse ... 8
1.8 Materialliste ... 9
1.9 Fehlende Arbeitsmaterialien ... 10
1.10 Vergessene Hausaufgaben ... 11
1.11 Fehltage ... 12
1.12 Fehlstunden ... 13
1.13 Schülersteckbrief ... 14
1.14 Projektunterricht/Projekttage ... 15
1.15 Stundenplanänderung ... 16
1.16 Arbeitsgemeinschaften (AGs) ... 17

2
Fachunterricht

2.1 Anwesenheitsliste ... 18
2.2 Notenliste ... 19
2.3 Mündliche Mitarbeit ... 20
2.4 Mitarbeit im Unterricht ... 21
2.5 Fehlverhalten – Kurznotiz ... 22

3
Ausflüge/Klassenfahrten

3.1 Klassenfahrt – Checkliste ... 23
3.2 Klassenfahrt – Schülerliste ... 24
3.3 Klassenfahrt – Notfallliste ... 25
3.4 Telefonkette ... 26
3.5 Packliste – Schüler ... 27
3.6 Klassenfahrt – Einverständniserklärung ... 28
3.7 Klassenfahrt – Erklärung der Erziehungsberechtigten ... 29
3.8 Klassenfahrt – Infoblatt: Kosten ... 30
3.9 Klassenfahrt – Infoblatt: Abfahrt/Ankunft ... 31
3.10 Wandertag ... 32

4
Elternarbeit

4.1 Elternabend – Anwesenheitsliste ... 33
4.2 Wichtige Informationen – Schüler ... 34
4.3 Elternabend – Einladung ... 35
4.4 Elternsprechtag – Türschild ... 36
4.5 Schülerbogen – Notenübersicht ... 37
4.6 Notenübersicht der Fächer ... 38
4.7 Elternsprechtag – Gesprächsnotizen ... 39
4.8 Elternsprechtag – Einladung ... 40

5
Schülerinformation

5.1 Klassenregeln ... 41
5.2 Checkliste für den Arbeitsplatz ... 42
5.3 Führung des Hausaufgabenheftes ... 43
5.4 Führung von Heften und Ordnern ... 44
5.5 Vokabeln lernen ... 45
5.6 Vortragsregeln ... 46
5.7 Vorbereitung Klassenarbeit ... 47
5.8 Plakat erstellen ... 48

6
Sonstiges

6.1 Sitzplan ... 49
6.2 Stundenplan – Lehrer ... 50
6.3 Ausgeliehene Materialien ... 51
6.4 Elterngespräch – Notizen ... 52
6.5 Hausmeister-Benachrichtigung – Veranstaltung ... 53
6.6 Hausmeister-Benachrichtigung – Mängel ... 54
6.7 Unterrichtsausfall ... 55
6.8 Klassenlektüre ... 56
6.9 Kollegiumsliste ... 57
6.10 Telefongesprächsnotizen ... 58

Bei der Arbeit mit den Formularen und Checklisten haben Sie zum einen die Möglichkeit, die Vorlagen zu kopieren und von Hand auszufüllen. Sie können sie aber auch mithilfe der CD verändern und so den speziellen Erfordernissen der eigenen Klasse anpassen und gleich am Rechner alle Daten eingeben.

Bei Listen, deren Spalten mehr Platz zum Eintragen benötigen, ist es erforderlich, entsprechend viele Kopien bzw. Ausdrucke anzufertigen, um alle Informationen aufnehmen zu können.

Schülerliste 1.1

Klasse: ________ **Schuljahr:** ____________ **Stand:** ____________

Nr.	Name	Anschrift	Telefon	E-Mail	Geburtstag

Notfall-Adressen-Liste 1.2

Klasse: ________ **Schuljahr:** ______________ **Stand:** ______________

Nr.	Name des Kindes	Angehörige	Telefon	Handy

Hausaufgaben-Liste 1.3

Klasse: ________ **Schuljahr:** ______________ **Stand:** ______________

Nr.	Name	Datum																	
1																			
2																			
3																			
4																			
5																			
6																			
7																			
8																			
9																			
10																			
11																			
12																			
13																			
14																			
15																			
16																			
17																			
18																			
19																			
20																			
21																			
22																			
23																			
24																			
25																			
26																			
27																			
28																			

Erklärung: + = HA erledigt, O = HA nachträglich erledigt, – = HA fehlen

Schulbuch-Rückgabe 1.4

Klasse: ________ **Schuljahr:** ______________ **Stand:** ______________

Nr.	Name	Fach:			Fach:		
		a	e	v	a	e	v
1							
2							
3							
4							
5							
6							
7							
8							
9							
10							
11							
12							
13							
14							
15							
16							
17							
18							
19							
20							
21							
22							
23							
24							
25							
26							
27							
28							

Erklärung: a = abgegeben, e = muss ersetzt werden, v = verbraucht

Verhaltensauffälligkeiten 1.5

Klasse: ________ **Schuljahr:** ______________

Datum	Name	Vorfall

Klasse: ________ **Schuljahr:** ______________

Nr.	Name	Aug.	Sept.	Okt.	Nov.	Dez.	Jan.
1							
2							
3							
4							
5							
6							
7							
8							
9							
10							
11							
12							
13							
14							
15							
16							
17							
18							
19							
20							
21							
22							
23							
24							
25							
26							
27							
28							

Klassenkassen-Liste 1.6b

Klasse: ________ **Schuljahr:** ______________

Nr.	Name	Febr.	März	April	Mai	Juni	Juli
1							
2							
3							
4							
5							
6							
7							
8							
9							
10							
11							
12							
13							
14							
15							
16							
17							
18							
19							
20							
21							
22							
23							
24							
25							
26							
27							
28							

Klassenkasse – Abrechnung

Klasse: ________ **Schuljahr:** ______________

Monatsbeitrag: _____ €

Nr.	Datum/Monat	Einnahmen	Ausgaben	Saldo
		+	–	
		+	–	
		+	–	
		+	–	
		+	–	
		+	–	
		+	–	
		+	–	
		+	–	
		+	–	
		+	–	
		+	–	
		+	–	
		+	–	

Liebe Eltern,

folgende Arbeitsmaterialien braucht Ihr Kind im kommenden Schuljahr:

Fach Lehrer	Material	Anzahl	Kommentar

Bitte kontrollieren Sie die vorhandenen Materialien und ersetzen Sie diese gegebenenfalls.
Denken Sie bitte auch daran, alles mit dem Namen Ihres Kindes zu versehen.

Mit freundlichen Grüßen

Name: ______________________________

Klasse: ______________________________

Liebe Eltern,

in der letzten Zeit hatte Ihr Kind wiederholt die im Unterricht benötigten Arbeitsmaterialien nicht dabei.

Datum	Fach	Material

Ihr Kind braucht die Arbeitsmaterialien, um aktiv am Unterricht teilnehmen zu können. Bitte achten Sie darauf, dass es in Zukunft die benötigten Materialien vollständig dabei hat.

Mit freundlichen Grüßen

- -

Ich habe das Schreiben zur Kenntnis genommen und werde dafür Sorge tragen, dass mein Sohn/meine Tochter die benötigten Arbeitsmaterialien vollständig dabei hat.

______________________________ ______________________________

Ort, Datum Unterschrift eines Erziehungsberechtigten

Name: ______________________________

Klasse: ______________________________

Liebe Eltern,

Ihr Kind konnte in der letzten Zeit folgende Hausaufgaben nicht vorzeigen:

Datum	Fach	Aufgaben

Die Hausaufgaben sind sehr wichtig: Sie dienen der Nachbereitung, Übung und Wiederholung eines im Unterricht behandelten Themas.

Bitte helfen Sie mit, dass die Hausaufgaben regelmäßig erledigt werden.

Mit freundlichen Grüßen

- -

Ich habe das Schreiben zur Kenntnis genommen und werde dafür Sorge tragen, dass mein Sohn/meine Tochter die Hausaufgaben regelmäßig erledigt.

______________________________ ______________________________

Ort, Datum — Unterschrift eines Erziehungsberechtigten

Name: ______________________________

Klasse: ______________________________

Liebe Eltern,

Ihr Kind hat an den folgenden Tagen unentschuldigt gefehlt:

Datum	

Das Fehlen Ihres Kindes in der Schule kann unterschiedliche Ursachen haben. Ihr Kind ist schulpflichtig, daher muss jeder Tag entschuldigt werden. Unentschuldigte Zeiten werden immer notiert und auf dem Zeugnis vermerkt. Bei längerem unentschuldigtem Fehlen kann die Jugendhilfe informiert werden.

Bitte achten Sie darauf, dass jeder Tag entschuldigt wird.

Mit freundlichen Grüßen

- -

Ich habe das Schreiben zur Kenntnis genommen und werde dafür Sorge tragen, dass zukünftig alle Fehlzeiten entschuldigt werden.

______________________ ______________________

Ort, Datum Unterschrift der Erziehungsberechtigten

Das bin ich!

Mein Name: ______________________

Mein Geburtstag: ______________________

Mein Spitzname: ______________________

Das möchte ich noch über mich erzählen:

____
____
____
____
____
____
____

Meine Freunde sind:

____
____
____
____

Foto

Lieblingsfach:

____
____
____
____

Hobby:

____
____
____
____

Ich mag:

____
____
____
____

Liebe Eltern,

die nächsten Tage wollen wir einem Projekt widmen. In dieser Zeit werden wir uns verstärkt mit einem Thema beschäftigen.

Das Thema unseres Projektes lautet:

____

____

An diesen Tagen findet unser Projekt statt:

____

____

Der Stundenplan wird sich dann, für die Projektzeit, wie folgt ändern:

Zeit	Montag	Dienstag	Mittwoch	Donnerstag	Freitag	Samstag

Die Ergebnisse unseres Projektes können Sie bewundern, indem Sie:

____

____

____

Mit freundlichen Grüßen

Liebe Eltern,

der Stundenplan wird sich in den nächsten Tagen ändern.

Die Änderung betrifft den Zeitraum:

____

____

Dies hat folgenden Grund:

____

____

____

____

Der neue Stundenplan:

Zeit	Montag	Dienstag	Mittwoch	Donnerstag	Freitag	Samstag

Mit freundlichen Grüßen

Liebe Eltern,

Ihr Kind hat sich für eine Arbeitsgemeinschaft (AG) angemeldet.

Thema der Arbeitsgemeinschaft:

____

____

Zeitraum der Arbeitsgemeinschaft:

____

____

Die Arbeitsgemeinschaft soll immer

____

_________________________________ stattfinden.

Kosten für die Arbeitsgemeinschaft:

____

____

Mit freundlichen Grüßen

- -

Name: ___________________________

Ich habe das Schreiben zur Kenntnis genommen und werde dafür Sorge tragen,
dass mein Sohn/meine Tochter die benötigten Arbeitsmaterialien vollständig dabei hat.
Ich bin damit einverstanden, die anfallenden Kosten zu übernehmen.

_____________________ _____________________

Ort, Datum Unterschrift der Erziehungsberechtigten

Anwesenheitsliste 2.1

Klasse: ________ **Schuljahr:** ______________

Fach: ____

Nr.	Name / Datum							
1								
2								
3								
4								
5								
6								
7								
8								
9								
10								
11								
12								
13								
14								
15								
16								
17								
18								
19								
20								
21								
22								
23								
24								
25								
26								
27								
28								

Hinweis: a = anwesend, e = entschuldigt, f = fehlt

Notenliste – Fach 2.2

Klasse: ________ **Schuljahr:** ______________

Fach: ______________________________________

Nr.	Name	Kommentar zum Leistungsstand	Note 1. HJ	Note 2. HJ

Mündliche Mitarbeit 2.3

Fach: ______________________________ **Klasse:** __________

Nr.	Name / Thema Datum											
1												
2												
3												
4												
5												
6												
7												
8												
9												
10												
11												
12												
13												
14												
15												
16												
17												
18												
19												
20												
21												
22												
23												
24												
25												
26												
27												

Hinweis: + = beteiligt sich konstant, o = beteiligt sich gelegentlich, – = beteiligt sich nicht

Mitarbeit im Unterricht 2.4

Klasse: ________ **Schuljahr:** ____________

Fach: ______________________________________

Nr.	Name / Datum							
1								
2								
3								
4								
5								
6								
7								
8								
9								
10								
11								
12								
13								
14								
15								
16								
17								
18								
19								
20								
21								
22								
23								
24								
25								
26								
27								
28								

Hinweis: + = beteiligt sich konstant, o = beteiligt sich gelegentlich, – = beteiligt sich nicht

Name des Kindes: ______________________

Klasse: ______________________

Datum: ______________________

Stunde/Fach: ______________________

Lehrer/-in: ______________________

Folgendes hat sich zugetragen:

____

____

____

____

____

____

____

____

____

Getroffene Maßnahmen:

◯ Zusatzarbeit ______________________

____

____

◯ Elternanruf ______________________

____

____

◯ Sonstiges ______________________

____

____

Klassenfahrt – Checkliste 3.1

Klasse: ________ **Schuljahr:** ______________

Aufgabe	erledigt	fehlt von:
Einverständniserklärung der Eltern 3.6		
Erklärung der Erziehungsberechtigten 3.7		
Infoblatt: Kosten 3.8		
Notfallliste 3.3		
Notfall-Adressen-Liste 1.2		
Telefonkette 3.4		
Klassenfahrt – Schülerliste 3.2		
Einzahlung		
Packliste – Schüler 3.5		
Erste-Hilfe-Tasche bereitgestellt		
Unterlagen für die Unterkunft bereitgelegt		
Transportmittel bestellt		

Klassenfahrt – Schülerliste 3.2

Klasse: ________ **Schuljahr:** ____________

Nr.	Name	Einverständnis-erklärung	Erklärung der Erziehungs-berechtigten	Einzahlung	Besonderheiten (Allergien, Medikamente ...)	Telefon

Klassenfahrt – Notfallliste 3.3

Klasse: ________ **Schuljahr:** ______________

Nr.	Name	Notfall-Telefonnummer	Krankenkasse
1			
2			
3			
4			
5			
6			
7			
8			
9			
10			
11			
12			
13			
14			
15			
16			
17			
18			
19			
20			
21			
22			
23			
24			
25			
26			
27			
28			

Klasse: ________ **Schuljahr:** _____________

Liebe Eltern,

bei unvorhergesehenen Änderungen (z. B.: Bus oder Bahn verspätet sich) müssen alle schnell informiert werden. Bitte rufen Sie in dem entsprechenden Fall sofort die Eltern unter dem Feld mit Ihrem Namen an und geben die Information weiter.

Klassenlehrer/-in

Name:	Name:	Name:
Tel:	Tel:	Tel:
Name:	Name:	Name:
Tel:	Tel:	Tel:
Name:	Name:	Name:
Tel:	Tel:	Tel:
Name:	Name:	Name:
Tel:	Tel:	Tel:
Name:	Name:	Name:
Tel:	Tel:	Tel:
Name:	Name:	Name:
Tel:	Tel:	Tel:
Name:	Name:	Name:
Tel:	Tel:	Tel:
Name:	Name:	Name:
Tel:	Tel:	Tel:
Name:	Name:	Name:
Tel:	Tel:	Tel:

Das solltest du in deine Tasche packen:

1 Schlafanzug

2 Strümpfe und Unterwäsche

3 Hosen

4 T-Shirt

5 Pullover/Strickjacke

6 Feste Schuhe

7 Hausschuhe oder Stoppersocken

8 Jacke/regenfest

9 Handtuch

10 Waschlappen

11 Kulturbeutel mit Seife, Zahnbürste, Zahnpasta, Kamm

12 Taschentücher

13 Beutel für schmutzige Wäsche

14 Stifte

15 Geldbörse mit ein wenig Taschengeld

Was du zusätzlich einpacken könntest:

1 Trinkflasche
2 Taschenlampe
3 Spiel

NICHT mitnehmen solltest du:

1 Gefährliche Gegenstände: Messer, Streichhölzer, Feuerzeug …
2 Alkohol

Sonstiges:

____

____

____

____

____

Klassenfahrt – Einverständniserklärung

Ich bin damit einverstanden, dass meine Tochter/mein Sohn ______________________________

an der Klassenfahrt teilnimmt.

Den Unkostenbeitrag von ________ Euro bezahle ich bis zum ________________.

__________________________ Ort, Datum

__________________________ Unterschrift eines Erziehungsberechtigten

- -

Schwimmbad – Einverständniserklärung

Ich bin damit einverstanden, dass mein Sohn/meine Tochter ______________________________

in einer beaufsichtigten Gruppe ins Schwimmbad geht.

Mein Kind ist ...

Nicht-Schwimmer ◯

Schwimmer ohne Abzeichen ◯

Schwimmer mit Abzeichen: ◯ Seepferdchen ◯ Freischwimmer

__________________________ Ort, Datum

__________________________ Unterschrift eines Erziehungsberechtigten

Klassenfahrt – Erklärung der Erziehungsberechtigten 3.7

1. Auf der Klassenfahrt tragen die Begleitpersonen die Verantwortung für die Kinder. Ich werde mein Kind belehren, deren Anweisungen unbedingt Folge zu leisten.

2. Folgende gesundheitliche Besonderheiten sind bei meinem Kind zu beachten (Allergien, Zahnspange, Medikamenteneinnahme ...): ______________________________

   ____

3. Mein Kind ist versichert bei der **Krankenkasse** ______________________________ .
   Sollte mein Kind einen Unfall erleiden, erlaube ich, dass es vom nächsten Arzt behandelt wird.

4. An allen **Aktivitäten**, die von den Begleitpersonen oder von den Mitarbeitern der Jugendherberge organisiert werden, darf mein Kind teilnehmen.

5. Ich bin damit einverstanden, dass mein Kind – nach vorheriger Abmeldung bei einer Begleitperson und in Begleitung von mindestens zwei Klassenkameraden – die **Jugendherberge verlassen** darf. In dieser Zeit ist es für seine Handlungen selbst verantwortlich.

6. Die Begleitpersonen übernehmen **keine Haftung für verloren oder kaputt gegangene Gegenstände**.

7. Die Begleitpersonen übernehmen **keine Haftung für Schäden**, die von Ihrem Kind verursacht werden.

8. Bei grobem **Fehlverhalten** oder bei **Krankheit** meines Kindes verpflichte ich mich, es umgehend abzuholen oder durch ein Taxiunternehmen auf eigene Kosten nach Hause bringen zu lassen.

Ich habe dieses Schreiben zur Kenntnis genommen und erkläre hiermit mein Einverständnis.

Name des Kindes: ______________________________ Klasse: ______________

______________________________ ______________________________

Ort, Datum | Unterschrift eines Erziehungsberechtigten

Die Kosten für die Klassenfahrt betragen ___________ Euro.

In diesen Kosten sind folgende Leistungen enthalten:

____

____

____

____

Bitte überweisen Sie den Betrag auf folgendes Konto:

IBAN: ______________________________

Stichwort: ______________________________

Spätestens bis zum ______________ muss der vollständige Betrag auf dem Konto eingegangen sein.

Sollte es Ihnen schwer fallen, den Unkostenbeitrag für die Klassenfahrt aufzubringen, vereinbaren Sie bitte einen Gesprächstermin mit mir.
Wir werden bestimmt eine Lösung finden.

Mit freundlichen Grüßen

- -

Ich habe die Erklärung zu den Kosten der Klassenfahrt zur Kenntnis genommen und werde das Geld termingerecht bezahlen.

Name des Kindes: ______________________________

______________________ ______________________

Ort, Datum | Unterschrift eines Erziehungsberechtigten

Liebe Eltern der Klasse ______________ ,

bald startet unsere Klassenfahrt. Damit Sie genau informiert sind, erhalten Sie hiermit die wichtigsten Termine im Überblick.

Für die Anreise treffen wir uns am ______________________, den ______________,

um ________ Uhr vor der Schule.

Abfahrt ist um __________ Uhr.

Am ______________________, den ______________, kommen wir wieder zurück.

Bitte holen Sie Ihr Kind um ca. __________ Uhr an der Schule ab.

Unsere Adresse und Telefonnummer für dringende Notfälle:

____

____

____

____

Mit freundlichen Grüßen

Liebe Eltern,

ich möchte gern mit der Klasse einen Ausflug unternehmen.

Hier die näheren Informationen dazu:

Ziel: ____

Datum: ____

Abfahrt (Ort, Zeit): ____

Rückkehr (Ort , Zeit): ____

Diese Dinge sollte Ihr Kind mitnehmen:

____

____

____

Bitte denken Sie daran, dass Ihr Kind sich dem Wetter entsprechend anzieht

und ein Getränk sowie etwas zu essen dabei hat.

Mit freundlichen Grüßen

- -

Ich habe die Informationen zum bevorstehenden Ausflug zur Kenntnis genommen.

Name des Kindes: ____

______________________________ ______________________________

Ort, Datum Unterschrift eines Erziehungsberechtigten

Elternabend – Anwesenheitsliste 4.1

Klasse: ______________ Elternabend vom: ______________________________

Nr.	Name	Unterschrift
1		
2		
3		
4		
5		
6		
7		
8		
9		
10		
11		
12		
13		
14		
15		
16		
17		
18		
19		
20		
21		
22		
23		
24		
25		
26		
27		
28		

Name des Schülers: ______________________ Klasse: ______________

Im Notfall sollten diese Personen telefonisch benachrichtigt werden:

Name	Handy	Festnetz privat	Festnetz dienstl.

Ich möchte Sie über folgende wichtige Punkte zu meinem Kind informieren (z. B. Krankheiten, Medikamenteneinnahme, Allergien ...):

____

____

____

____

____

Bei einem Auftreten von ______________________________ sollten diese Schritte eingeleitet werden:

____

____

____

____

____

______________________ ______________________

Ort, Datum Unterschrift eines Erziehungsberechtigten

Liebe Eltern,

mit diesem Schreiben möchte ich Sie ganz herzlich im neuen Schuljahr begrüßen.

Ich freue mich auf eine gute Zusammenarbeit mit Ihnen und bitte Sie, mich in meiner Arbeit zu unterstützen.

Sollte es Fragen oder Schwierigkeiten geben, rufen Sie mich bitte unter der folgenden Nummer an: ______________________________.

Schon jetzt möchte ich Sie auf den ersten Termin im Schuljahr hinweisen. Dies ist der **Elternabend**, der am ______________________________ stattfinden wird.

Die Tagesordnungspunkte sind:

- Stundenplan
- Termine, Ausflüge, Vorhaben
- Klassenkasse
- Wahl des Elternvertreters/der Elternvertreterin und der entsprechenden Stellvertreter

Auf eine gute Zusammenarbeit freut sich Ihr/e ________________________

Geben Sie bitte den unteren Abschnitt Ihrem Kind ausgefüllt wieder mit zurück.

- -

Name des Kindes: ______________________________

Bitte ankreuzen:

☐ Ich komme zum Elternabend.

☐ Ich kann leider zum Elternabend nicht kommen, informiere mich aber dann bei den gewählten Elternvertretern.

____

Unterschrift eines Erziehungsberechtigten

Klasse: ______________ **Lehrer/-in:** ______________________

Liebe Eltern,

vielen Dank, dass Sie sich die Zeit für den Elternsprechtag genommen haben. Falls sich Ihr Termin um wenige Minuten verzögern sollte, bitte ich Sie um etwas Geduld.

Ich rufe Sie herein.

Schüler:______________________ Schuljahr:________ Klasse:_________

Fächer	Arbeiten							Mündl.	Note 1. HJ	Note 2. HJ	Bemerkung
Lernentwicklung											

Sonstiges:

____

____

____

____

____

____

Notenübersicht – alle Fächer 4.6

Nr.	Fach / Name													
1														
2														
3														
4														
5														
6														
7														
8														
9														
10														
11														
12														
13														
14														
15														
16														
17														
18														
19														
20														
21														
22														
23														
24														
25														
26														
27														
28														

Elternsprechtag – Gesprächsnotizen 4.7

Datum ____________________

Schüler

Name: ______________________ Klasse: ______________

Anwesende

○ Vater ○ Mutter ○ Sonstige: __________________

Gesprächsinhalt

____
____
____
____
____
____
____

Getroffene Vereinbarungen

____
____
____
____

Besonderheiten

____
____
____

____
Unterschrift der Gesprächsteilnehmer

Liebe Eltern,

der nächste Elternsprechtag findet am ______________________________ statt.
Ich lade Sie herzlich dazu ein.

Bitte tragen Sie ein, mit welchen **Lehrkräften** Sie sprechen möchten.
Sie bekommen den unteren Abschnitt anschließend mit den geplanten **Gesprächsterminen** zurück. Sollten Sie verhindert sein, geben Sie den entsprechenden Lehrkräften bitte schnellstmöglich Bescheid.

Mit freundlichen Grüßen

Name des Kindes: ____________________________

Ich komme zum Elternsprechtag und würde gern mit folgenden **Lehrkräften** sprechen:

____

____
Unterschrift eines Erziehungsberechtigten

- -

Termin-Vergabe für den Elternsprechtag am ______________________________

Lehrkraft	Termin

Schreibe Regeln auf, die deiner Meinung nach in der Klasse gelten sollen.
Was verbessert sich durch die Einhaltung der Regeln?

Regel:

____

____

____

Was verbessert sich dadurch?

____

____

____

Regel:

____

____

____

Was verbessert sich dadurch?

____

____

____

Regel:

____

____

____

Was verbessert sich dadurch?

____

____

____

So sollte dein Arbeitsplatz aussehen:

Ein stabiler Tisch und wenn möglich ein verstellbarer Stuhl, damit du gut schreiben kannst.

Einen Papierkorb für den Müll.

Eine Pinnwand für Notizen.

Deine Arbeitsmaterialien (Anspitzer, Radiergummi, Bleistift, Buntstifte, Lineal, Geodreieck, Zirkel ...) sollten bereit liegen.

Du brauchst Ruhe, damit du dich konzentrieren kannst.

Sorge für ausreichend frische Luft.

Für Rechtshänder sollte das Licht von der linken Seite kommen, für Linkshänder sollte das Licht von der rechten Seite kommen.

Führung eines Hausaufgabenheftes 5.3

So solltest du dein Hausaufgabenheft führen:

Jeder Eintrag wird mit Datum und dem Fach versehen.

Jede Hausaufgabe wird unter dem Tag notiert, zu dem sie aufgegeben ist.

Die Aufgabenstellung wird möglichst genau aufgeschrieben.

Termine für Klassenarbeiten werden farbig gekennzeichnet.

So solltest du deine Hefte führen:

Jedes Heft wird mit einem Schutzumschlag versehen.

Auf jedem Heftumschlag werden der Name, das Fach und die Klasse eingetragen.

Auf der ersten Seite des Heftes kann ein Inhaltsverzeichnis angelegt werden.

Zu jedem Eintrag gehört ein Datum.

Jedes Thema erhält eine Überschrift.

Die Heftseiten können am unteren rechten Rand nummeriert werden.

Die Einträge werden sauber und übersichtlich eingetragen.

Es wird mit Lineal unterstrichen.

Wichtige Sachen können farbig gekennzeichnet werden.

Eine Methode zum schnellen Vokabellernen

1. Die zu lernenden Vokabeln in Blöcke zu 5 – 7 Vokabeln einteilen.

2. Zunächst diese Vokabeln durchlesen.

3. Eine Seite zuhalten und dir die passende Vokabel merken.

4. Nach ca. 5 Minuten eine Pause einlegen und eine andere Aufgabe erledigen.

5. So mit allen weiteren Blöcken verfahren.

6. Vokabeln, die schwer zu behalten sind, groß auf einen Zettel schreiben und an eine Pinnwand heften.

7. Den Zettel so lange dort lassen, bis du die Vokabel kannst.

Merke: 3 mal 5 Minuten sind effektiver, als 1 mal 30 Minuten.

Vor dem Schlafengehen noch einmal alle zu lernenden Vokabeln wiederholen.

Wenn du einen Vortag hältst, solltest du dich an folgende Regeln halten:

Stelle zuerst das Thema vor

Sprich laut und deutlich

Sprich langsam

Schau deine Zuhörer an

Offene Körperhaltung, leicht breitbeinig, Arme nicht verschränken

Lege an wichtigen Stellen Pausen ein

Betone Stellen, die bedeutsam sind

Halte deine Notizen mit beiden Händen in Bauchnabelhöhe

Versuche, möglichst frei zu sprechen und lies nicht ab

So kannst du dich optimal auf eine Klassenarbeit vorbereiten:

1. Überblick verschaffen

Was kommt inhaltlich in der Klassenarbeit vor, wo kann ich das nachlesen, was kann ich schon, was muss ich noch mal wiederholen?

2. Direkte Vorbereitung ca. 1 Woche vorher

Den Lernstoff zusammenfassen, einen Zeitplan erstellen, Inhalte festlegen, was zuerst gelernt oder wiederholt wird, auf Schwachstellen konzentrieren

- Nicht zu lange am Stück lernen (2–3 Portionen pro Tag), Pausen einlegen
- Einen Spickzettel mit den wichtigsten Informationen erstellen
- Gemeinsam mit Klassenkameraden üben

3. Der Tag vor der Klassenarbeit

Nichts Neues mehr lernen

Den gesamten Lernstoff konzentriert wiederholen

4. Während der Klassenarbeit

- Ruhe bewahren, tief durchatmen
- Konzentriere dich
- Verschaffe dir einen Überblick
- Lies dir die Aufgaben genau durch
- Beginne mit den leichteren Aufgaben
- Aussichtslose Aufgaben abbrechen
- Lass dich nicht ablenken

So kannst du ein Plakat erstellen:

Schreibe ordentlich und leserlich

Gliedere die einzelnen Punkte übersichtlich

Wähle die Schriftgröße so, dass sie auch gut sichtbar ist

Verwende nur wichtige Informationen in Stichpunkten

Hebe Schlüsselwörter hervor

Baue eventuell Bilder ein

Fach: ______________________ Klasse: ________

Std.	Zeit	Mo	Di	Mi	Do	Fr
1.		F: Kl:	F: Kl:	F: Kl:	F: Kl:	F: Kl:
2.		F: Kl:	F: Kl:	F: Kl:	F: Kl:	F: Kl:
3.		F: Kl:	F: Kl:	F: Kl:	F: Kl:	F: Kl:
4.		F: Kl:	F: Kl:	F: Kl:	F: Kl:	F: Kl:
5.		F: Kl:	F: Kl:	F: Kl:	F: Kl:	F: Kl:
6.		F: Kl:	F: Kl:	F: Kl:	F: Kl:	F: Kl:
7.		F: Kl:	F: Kl:	F: Kl:	F: Kl:	F: Kl:
8.		F: Kl:	F: Kl:	F: Kl:	F: Kl:	F: Kl:

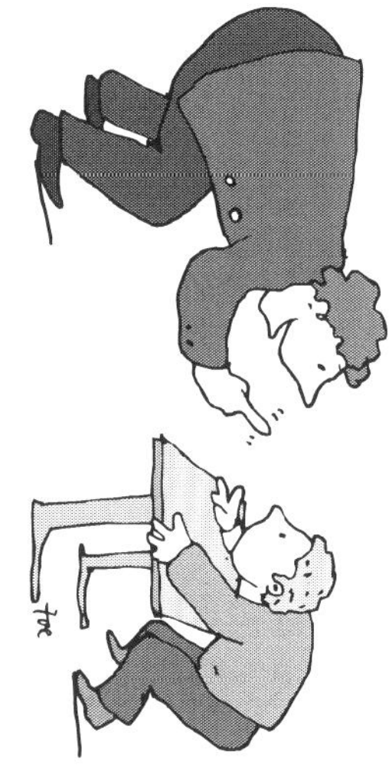
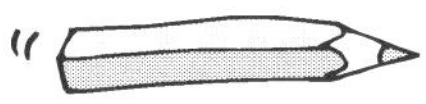

Ausgeliehene Materialien 6.3

Name	Material	Datum	zurück

Schüler/-in

Name: ______________________ Klasse: ______________

Anwesende

○ Vater ○ Mutter ○ Sonstige: ____________________

Grund für das Gespräch

____

____

____

____

____

____

____

____

____

____

Getroffene Vereinbarungen

____

____

____

____

____

____

Unterschrift der Gesprächsteilnehmer

Hausmeister-Benachrichtigung – Veranstaltung 6.5

Folgende Veranstaltung ist geplant:

____

____

Schule: ______________________________

____

____

Klasse: ______________________________

Lehrkraft: ______________________________

Datum: ______________________________

Beginn: ______________________________

Ende: ______________________________

Räume: ______________________________

____

____

Sonstiges:

____

____

____

Bitte geben Sie mir bitte rechtzeitig Bescheid, ob die Veranstaltung so stattfinden kann.

Vielen Dank!

____

Datum, Ort

____

Unterschrift der Lehrkraft

Folgende Mängel wurden entdeckt:

____

____

____

____

Schule: ______________________________

____

Ort: ______________________________

Datum: ______________________________

Sonstiges/Verursacher:

____

____

Bitte versuchen Sie, die Mängel schnellstmöglich zu beheben.

Vielen Dank!

____

Ort, Datum

____

Unterschrift der Lehrkraft

Mängel wurden am ______________________ beseitigt.

____

Unterschrift des Hausmeisters

Liebe Eltern,

am ____________________ möchte ich im Deutschunterricht beginnen,
mit den Kindern folgende **Klassenlektüre** zu lesen:

____

Das Buch ist für _________ € im Buchhandel erhältlich.

Es gibt folgende Möglichkeiten für die Anschaffung des Buches:
- Sie kaufen das Buch in einer Buchhandlung Ihrer Wahl.
- Sie besorgen das Buch aus einer Bücherei.
- Sie können den oben genannten Betrag Ihrem Kind bis zum __________________ mitgeben und die Schule kauft das Buch in einer Sammelbestellung.

Mit freundlichen Grüßen

- -

Wir haben den Brief zur Klassenlektüre zur Kenntnis genommen und werden das Buch wie folgt anschaffen:

☐ Wir besorgen uns das Buch selbst – rechtzeitig zum Lesebeginn.

☐ Wir geben unserem Kind das Geld mit und beauftragen die Schule, das Buch zu kaufen.

____
Name des Kindes

____
Unterschrift eines Erziehungsberechtigten

Kollegiumsliste 6.9

Schuljahr: ______________

Nr.	Name	Adresse	Telefon	E-Mail	Geburtsdatum
1					
2					
3					
4					
5					
6					
7					
8					

Telefongesprächsnotizen:

Datum: ______________________

Uhrzeit: ______________________

Anlass des Gesprächs:

____

____

____

____

Gesprächspartner:

____

Gesprächsinhalt:

____

____

____

____

____

____

Vereinbarungen:

____

____

____

____

____

____

____